Spouitche la bitch

Le spray anti-mégabitch

Garde la bitch à distance. Spouitche la bitch !

ENTRE NOUS

Vie de STARS

Entrevues

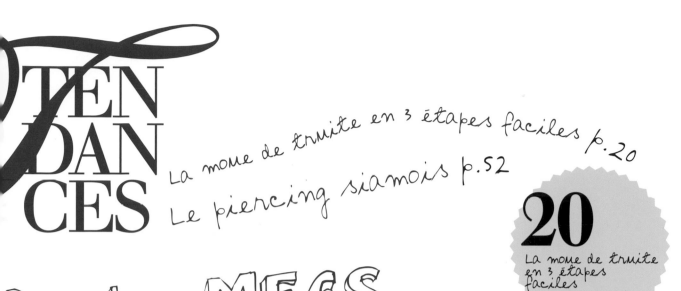

TENDANCES

La mome de truite en 3 étapes faciles p.20

Le piercing siamois p.52

Dossier MECS

AUSSI...

Nunuches
de tous les pays,
unissons-nous!
nunuchemagazine.com

4

Les mecs, les mecs, les mecs... Sans eux, nous ne sommes rien. Tu n'en as pas encore capturé un ? Pauvre, misérable petite insignifiante ! Chaque minute passée sans mec est une minute perdue. Lis vite notre magazine et donne enfin un sens à ta vie !

Jette immédiatement livres, articles de sport, copines et animaux de compagnie pour consacrer toute ton énergie à la Quête suprême : la chasse au mec. Qui que tu sois, n'aie crainte, il existe quelque part un mec assez nul pour toi. Tu auras peut-être besoin d'une lampe de poche et de gants de caoutchouc pour le dénicher, mais nous te guiderons tout au long du chemin.

Toutes nos journalistes sont diplômées de l'École internationale de séduction, et chacune possède au moins trois mecs. Moi qui te parle, Nunuche en personne, je n'en ai pas moins de 300 dans ma garde-robe ! Nous te parlons donc d'expérience.

Tu es grosse, moche ou pire : intelligente ? Sèche tes larmes. Nunuche t'aidera à éliminer ce handicap rapidement. Tu as déjà un mec, mais il est démodé ? Découvre des tas de trucs pour le quitter !

Allez poupée ! Plus besoin de penser ! Nunuche le fera pour toi.
Bonne lecture !
Ton amie,

Nunuche

Le courrier des lectrices

Chère Nunuche,
J'ai un problème. Je suis très belle et j'ai trop d'amoureux. Je ne sais plus quoi en faire, ils traînent partout dans la maison. Il y en a même dans le frigo. Que faire ?

Beauté désespérée

Chère Beauté,
Je te plains ! Heureusement, il existe chez UKéa de jolis meubles de rangement pour mecs. Plie-les, empile-les et range-les facilement, sans nuire à ta déco ! N'oublie pas de garder un mec de côté pour assembler ton meuble !

Chère Nunuche,
Dans votre dernier numéro, j'ai lu que les nez n'étaient plus à la mode. J'ai immédiatement fait couper le mien et, quelques jours plus tard, toutes les stars portaient fièrement leur nez énorme. Me voilà déjà démodée !
Nasale

Pauvre nouille ! Évidemment que la mode change vite ! D'ailleurs, je n'ai pas le temps de te répondre, je suis trop occupée à prévoir celle de demain. Débrouille-toi !

Chère Nunuche,
Je suis si malheureuse ! J'aime un mec, mais il ne veut pas sortir avec moi parce qu'il trouve que j'ai un gros pancréas. Je serais prête à tout pour lui plaire. Sauvez-moi !
Pancréa

Chère Pancréa,
Ne désespère pas ! Maigrir du pancréas est chose facile. Il suffit de cesser de manger ! Tu n'as pas assez de discipline pour ça ? Songe à la chirurgie plastique. Bonne chance !

lentilles d'amour

LES VERRES DE CONTACT MIROIR :
POUR QU'IL PUISSE TE VOIR TOUT LE TEMPS

POUR OU CONTRE LES NOMBRILS

Nos lectrices s'expriment

Les nombrils, quel sujet de controverse! Pas un été ne se passe sans que quelqu'un, quelque part, ne parle de nombrils. Les publicités de lingerie sont bourrées de nombrils. Les plages aussi. Nombrils, nombrils, nombrils! Les nombrils sont le nombril du monde! À la rédaction de nunuche gurlz, nous sommes curieuses de savoir ce que TU en penses. Tribune Nombrils!

J'ai beaucoup de respect pour les nombrils. Sans mon nombril, j'aurais beaucoup de mal à me définir moi-même. Mon nombril reflète ma personnalité.

Louranna, 16 ans

Inutiles, ridicules nombrils! Ils ne servent à rien, et ils sont toujours pleins de mousse de coton et d'autres cochonneries. Je suis fondamentalement CONTRE les nombrils. Je les déteste. Je voudrais que tous les nombrils meurent.

Kastine, 17 ans

Je crois que les nombrils sont les grands incompris de ce monde. Dans plusieurs pays, on les cache, on les enferme et on les humilie publiquement. Et pourtant, qui se souvient que c'est par le nombril que notre mère nous a donné notre première nourriture? Hein? HEIN? Si vous saviez ce que votre nombril pense de vous, vous le traiteriez sûrement avec plus de gentillesse.

Loulette, 13 ans

Depuis que j'ai 8 ans, je collectionne les nombrils. Les nombrils sont ma passion. Je m'en suis d'ailleurs fait poser trois supplémentaires: deux sur le ventre et un dans le front. Je m'en ferais poser bien d'autres si ma mère acceptait d'y consacrer tout son salaire, mais la chirurgie multi-ombilicale est malheureusement trop chère.

Paula, 15 ans

Les nombrils sont sales, immodestes, et ils sont la source de plusieurs maux de notre société. Les nombrils sont l'invention du démon. Sans les nombrils, notre monde serait beaucoup plus pacifique (et moins malodorant). Les nombrils finiront en enfer.

Monsieur Plouffard, 65 ans

Je crois que les nombrils pourraient être beaucoup plus utiles avec l'aide de la science. Pourquoi ne pas inventer un nombril-bourse où on pourrait ranger notre monnaie, nos bijoux de rechange ou notre collation de l'après-midi? Ou pourquoi ne pas y dissimuler un micro qui nous avertirait lorsque notre ventre gargouille parce que nous avons faim? Si les nombrils sont si inutiles, c'est simplement par manque d'imagination.

Junisse, 13 ans

9

POTINS de ★STARS★

Glossy Pout a réuni 12 personnalités publiques qui revendiquent le droit d'épouser légalement une paire de chaussures. « Certaines personnes vivent de véritables histoires d'amour, très profondes, avec leurs chaussures, affirme Glossy. Ces personnes devraient pouvoir clamer haut et fort leur union, sans avoir à se cacher. » L'actrice et ses admirateurs demandent aussi qu'il soit possible de léguer sa fortune à ses chaussures. Aucun prêtre n'a encore accepté de célébrer de telles unions.

Glamouss Fudge vient de faire un don de 8 millions de dollars à l'hôpital Glazer, en Californie, à condition que cet argent soit utilisé exclusivement pour l'achat de jaquettes d'hôpital Hermès en mohair et à cordon de soie. « Les hôpitaux me dépriment, a déclaré la star. Tous ces gens vêtus de cet horrible bleu si peu flatteur ! Pas étonnant qu'ils souffrent ! Le gouvernement devrait faire quelque chose. »

L'acteur Sithar Blowhart demande le divorce après deux semaines de mariage avec Yowona Glow, sous prétexte que la chanteuse lui aurait caché tout au long de leurs fiançailles qu'elle était parfois sujette à développer des verrues plantaires. « C'est complètement malhonnête de sa part ! dit-il. Comment puis-je savoir que Yowona est vraiment la femme qu'elle prétend être si elle m'a caché une tare aussi dégoûtante ? »

Bulbie Bobboli poursuit le réalisateur Kloun Pipop pour 18 millions de dollars. Elle reproche à Pipop de lui avoir proposé de jouer un rôle de mère dans son prochain film, *Tes yeux dans la moutarde*. «Je suis bien trop jeune pour jouer le rôle d'une mère!» clame Bobboli, qui dit avoir dépensé plusieurs millions en frais de psychologue pour guérir son ego blessé par la proposition de Pipop.

Ginger Cake, la femme derrière le Gala des animaux célèbres, a présenté des excuses publiques à Honor O'Connor pour avoir délibérément porté la même robe qu'elle à l'ouverture du dernier Festival des films d'animaux qui parlent (FFAP). On se souvient que la pauvre Honor s'était enfuie du gala en larmes devant l'affront de son ancienne muse.

Les acteurs Tequila Dumouchel et Horsy Clops se séparent après trois mois de vie commune. «Horsy est un salaud», dit Tequila, l'accusant de lui avoir offert un gâteau au chocolat qui lui aurait fait prendre deux kilos, le jour de son anniversaire.

Le designer de mode Power Robert lance une gamme de vêtements entièrement conçus à partir de produits vivants. Sa robe de hamsters est un grand succès, malgré l'odeur. «J'aime que la mode se rapproche de la nature», dit la mannequin Money Fruit, arborant une robe en rosiers dont les plants prennent racine dans ses chaussures remplies de terre. «Les épines sont légèrement inconfortables, mais elles me rappellent que je dois me tenir bien droite.»

11

Crème
de sacoche

Hydratant à sacoche

Aplanit les rides et ridules des sacs à main les plus moches.

INGRÉDIENTS :

Eau, extraits de cervelle de dinde, métasulphoglutomère de poire, huile d'oie bio, jus de tarte dermogloussée, xiobenthopropylène de proutos minazole de cryptonite des champs, eau de soie de poule à la noix, synthèse de cruche sauvage du Brésil, colorant.

Spray N' Touffe

Une nouvelle touffe... d'un seul SHIIIT!

Buisson

Poméranien

Sapin

TOUT sur lui

Tous les mois, Nunuche fait une compilation des mecs qui te font baver et te dit tout, tout, tout sur eux! Tu veux connaître ces stars au plus profond d'elles-mêmes et être au courant de leurs secrets les plus intimes ? Nunuche aussi!

POURQUOI ON L'AIME :
Parce que ses oreilles bougent quand il sourit et que c'est trop mégacraquant !
CE QU'IL PENSE DES FILLES :
« Elles sont chouettes, mais elles sont nulles aux jeux vidéo. »
SON ACTIVITÉ PRÉFÉRÉE :
« Manger des chips dans la piscine. »
SON GRAND RÊVE :
« Manger des chips dans la piscine pendant une semaine. »

Luke Bobbichou

POURQUOI ON L'AIME :
À cause de ses genoux trop choux-bijoux-joujoux !
On les voit d'ailleurs très bien dans le film Le vampire trop sexy-mignon, quand il porte ses petits shorts à pois.
CE QU'IL PENSE DES FILLES :
« J'aime bien les filles, surtout celles qui sont belles. »
SON ACTIVITÉ PRÉFÉRÉE :
« J'aime faire semblant que je suis un robot. »
SON GRAND RÊVE :
« Avoir un pyjama qui brille dans le noir. »

Justin Glouppi

Duncan Twitt

POURQUOI ON L'AIME :
Parce qu'il ressemble un peu à Luke Bobbichou.
CE QU'IL PENSE DES FILLES :
« Je les aime bien, mais je préfère les motos. »
SON ACTIVITÉ PRÉFÉRÉE :
« Chanter en rotant. »
SON GRAND RÊVE:
« Allumer mes pets avec un briquet
pour faire une grosse flamme. »

Kevune Grosbisou

POURQUOI ON L'AIME :
Parce qu'il est trop ultramiam dans son vidéoclip
I love you my love, avec ses mini-oreilles trop adorables.
CE QU'IL PENSE DES FILLES :
« J'en ai toute une collection chez moi. »
SON ACTIVITÉ PRÉFÉRÉE :
« Collectionner les filles. »
SON GRAND RÊVE:
« Faire du motocross sur le toit de ma maison. »

15

témoignage

Star déchue de l'émission de télé-réalité *La drague ou la vie*, *Alexandro-Sébastien* te livre un témoignage top émouvant. Avant de le lire, assure-toi d'avoir appliqué un mascara à l'épreuve de l'eau !

A-SEB se confie

De Caroline Allard

C'est ma petite copine qui m'a convaincu de m'inscrire à *La drague ou la vie*. Sarah trouvait que ça me donnerait l'occasion de cheminer intérieurement, de gagner plein de fric et de rendre jalouses toutes ses amies qui verraient mes beaux muscles reluire dans le bain tourbillon de la Casa du plaisir.

Aux auditions, j'ai eu la surprise de ma vie : sur la liste, il y avait un autre Alexandro-Sébastien! On s'est donné une poignée de main super-virile, on a discuté de nos vies (lui aussi possède une collection de canards de bain!). Il était vraiment sympa. Malheureusement, il était beaucoup trop vieux pour être sélectionné — je n'ai vraiment pas hâte d'avoir 22 ans, c'est superlimitatif.

Quand j'ai reçu la visite de l'animateur, qui m'annonçait devant les caméras que j'avais été choisi pour *La drague*, j'ai poussé un cri de joie. J'ai en même temps jeté discrètement mon mégot de cigarette dans le pot de fleurs et poussé Sarah hors du cadre de la caméra: selon mon bon copain Kev, les filles détestent les mecs qui fument en compagnie de leur petite copine à moitié nue. Déjà, à ce moment-là, je n'étais plus vraiment moi-même. Je devenais un maître de la stratégie.

Avant que je parte pour la Casa du plaisir, on a fait un gros souper de famille. Mes parents y tenaient parce qu'ils savaient qu'en ressortant de *La drague*, je ne serais plus comme avant et que je risquais de ne plus jamais leur adresser la parole, à ces quétaines. Avant qu'on se quitte, mon père m'a serré la main en me disant de ne jamais oublier les vraies valeurs comme l'honnêteté et le hockey, puis il m'a donné un assortiment de slips kangourous. Il m'a dit : «Mon fils, tant qu'à exhiber tes fesses, que ce soit avec classe.» Plus tard, j'ai appris qu'il avait été déçu de me voir rôder autour de la terrasse des filles en string léopard. Mais qu'est-ce que j'y pouvais? *La drague* avait fait de moi une bête de scène.

La première soirée à la Casa du plaisir a été vraiment géniale! Les mecs et moi, on a fait la connaissance des filles dans le spa géant. Elles étaient toutes en micro-bikinis transparents, mais ce que j'ai le plus remarqué, c'est leur fantastiques personnalités, toutes différentes.

Gina, la rousse aux seins refaits, avait vraiment un supersens de l'humour. Janelle, la blonde aux cheveux longs jusqu'aux fesses, avait le cœur sur la main. Et Franceen, celle qui refusait de porter un haut de maillot, était vraiment dynamique et déterminée. Mais déjà, dans le sauna, je savais que Stéphanie, la semi-grosse aux cheveux courts, serait vite éliminée. Elle avait l'air mesquine et elle manquait de culture.

Beaucoup de gens me demandent si je suis déçu d'avoir été éliminé de *La drague* dès la deuxième semaine. Non, je n'ai pas du tout été déçu ou surpris ou amer ou irrité ou humilié ou quoi que ce soit. Toutes les candidates me trouvaient gentil, aimable et discret, et ça, c'était très mauvais signe. Comme le dit mon meilleur ami Kev, les filles aiment faire de l'exercice pour avoir un mec: ramper à ses pieds, se prosterner devant lui et lutter contre les autres filles, ça les rend folles d'amour. Seuls les plus salopards ont une chance de trouver l'âme sœur dans la jungle de la vie.

Vu comme ça, c'était évident que Loïc-Pierre allait gagner cette saison de *La drague*. Dès le premier jour, il a calculé ses coups comme un champion. Embrasser Renata pendant qu'il tripotait les cheveux d'Emmy tout en bricolant un caniche en ballons pour Claudia… c'était très fort ! De mon côté, quand j'ai entendu Nadia et les autres filles rire de Kiki, le canard de bain que j'avais choisi pour m'accompagner dans cette aventure, j'ai compris que ma maturité rendrait toute relation impossible entre nous.

Le bilan de mon expérience ? Je dirais : positif. Pendant mes deux semaines à *La drague ou la vie*, j'ai rencontré des gens vraiment chouettes et j'ai créé des amitiés qui ne mourront jamais. En tout cas, c'est sûr que je vais saluer les potes si jamais on se croise dans les clubs. Et leur faire de gros câlins.

Parce que moi, ce que j'ai adoré à *La drague*, c'est les câlins. Quand Jerry a été éliminé la première semaine, tous les gars, on lui a fait un câlin et je peux dire que, pour moi, ça a été une révélation. Quand ça a été mon tour de partir, je me suis trouvé chanceux que ça soit à la deuxième semaine, parce que je pouvais faire des câlins à presque tous les copains. Mike qui me murmure à l'oreille «Tu vas me manquer, l'gros» en me faisant une accolade musclée, je crois que c'est mon plus beau souvenir.

Alors ouais, je peux dire que *La drague* a pas mal changé ma vie. Pendant mon absence, Sarah m'a quitté pour Kev — qui est quand même beaucoup plus musclé que moi. Mais à mon retour, j'avais 22 messages de l'autre Alexandro-Sébastien qui voulait savoir si je survivais à mon expérience. On doit se voir ce soir. Je lui réserve tout un câlin.

LA MOUE DE TRUITE

EN 3 ÉTAPES FACILES !

Indispensab[le] pour toutes tes photos !!!

1 Gonfle les lèvres à bloc, comme pour prononcer un U.

2 Retrousse les coins de ta bouche.

3 Laisse un petit espace entrouvert (environ 0,5 sur 0,5 centimètres), comme si tu soufflais dans une paille.

DENTI-GLO

Tu n'es pas trop brillante?
Utilise Denti-Glo,
le dentifrice qui éclaire à ta place.

India Desjardins

en entrevue !

Mademoiselle Mina, permettez-moi, d'une part, de vous dire bonjour et, d'autre part, de briser la glace avec une première question.

Je m'appelle India, pas Mina !

C'est palpitant. Et il faut aussi dire que votre film, *Ton cœur dans mon sac à main*, avec Brad Pitt, est très inspirant.

Je ne suis pas l'auteure de ce film !

Vous avez une belle modestie. Ce qui m'amène à notre deuxième sujet : votre carrière de mannequin. Voilà déjà quelques années qu'elle est terminée, vous vous en ennuyez ?

Mais je n'ai jamais été mannequin ! J'ai écrit une série de romans pour adolescents, qui...

C'est bien vrai que votre silhouette ne vous aurait pas consenti une telle carrière. Et si je peux me permettre une confidence : longtemps j'ai lutté contre les pointes de cheveux qui se dédoublent. Ce combat, vous prévoyez l'entreprendre quand ?

Ce n'est pas encore prévu à mon programme, mais soyez certaine que je vous inviterai à la conférence de presse, ainsi que toutes les grandes chaînes d'information.

J'ai envie d'enchaîner avec une autre question.

Je vous en prie.

Je me demande comment vous en êtes venue à être célèbre, chère Mina ? Parce que, ultimement, nous parlons bien de cela, n'est-ce pas ? De la célébrité, et de la beauté.

C'est India.

Votre chat ?

Non. Moi, c'est India. Je n'ai pas de chat. Et mes romans ont connu un certain succès. Au départ, ça m'a un peu surprise, et...

Vos romans ont eu du succès ?

Oui.

Ça vous a rendu jalouse ?

Euh...

Si ce n'est pas vous mais vos livres qui récoltent les honneurs, ce n'est pas un peu blessant pour l'ego ? Je veux dire, vivre dans l'ombre, dans l'anonymat, faire l'épicerie et tout ça... Et ce n'est pas du tout glamour ! Comment avez-vous pu attirer un mec de cette façon ?

Je n'ai pas de « mec ».

Pas de mec ? Quelle horreur ! Vous devez être si malheureuse !

Pas du tout ! Ça me laisse plus de temps à consacrer à ma carrière, à mes amis... J'ai une vie bien remplie !

Est-ce parce que vous êtes grosse ?

Je vous demande pardon ?

Est-ce parce que vous êtes grosse que vous n'avez pas d'amoureux ?

Écoutez, je croyais que j'étais ici pour parler de mon travail.

Vous travaillez?

Oui, quand je ne suis pas coincée en entrevue avec des autruches.

Combien pesez-vous?

J'aimerais bien que vous cessiez de me parler de mon poids deux minutes.

Oh là là! quelle soupe au lait! Bon, si vous y tenez, parlez-nous-en, de vos fichus livres. Sur quel projet travaillez-vous présentement?

Je suis en train d'écrire un roman.

... Un roman Harlequin? Fabuleux! J'adore ces récits de jeunes femmes un peu démunies qui s'accomplissent en se mariant à de riches hommes d'affaires et qui s'enfuient ensuite dans la jungle. Je suis heureuse que vous écriviez ces belles histoires.

Je suis désolée, il ne s'agit pas d'un roman Harlequin. Et pour l'instant, aucun de mes personnages n'a l'ambition de se marier avec un homme très riche. Je préfère créer des personnages de femmes solides et fortes, qui veulent prendre leur place plutôt que d'être définies par les hommes qu'elles dénichent.

Écoutez, c'est très poétique et tout, mais nos lectrices ne comprennent pas le latin. Vous seriez gentille de vous en tenir au français. Quand avez-vous publié votre premier livre?

Les aventures d'India Jones, en 2005.

En 2005!!! Mon Dieu! mais vous êtes pratiquement une personne âgée! Comment avez-vous trouvé le Moyen-Âge? TOUTES CES TOILETTES MAGNIFIQUES! LES CORSETS, LES CRINOLINES...

Personnellement, je préférais les cottes de mailles. J'avais un faible pour la chasse aux dinosaures. Et vous n'avez pas besoin de crier, je ne suis pas sourde.

Dites-moi, en toute sincérité, vous vous sentez interpellée par les pubs de couches pour adultes?

Et vous, vous préférez les pubs de plumeaux ou les pubs d'omelettes?

Prenez garde! La colère accentue les rides! Maintenant, calmez-vous et dites-moi: quel est le sac à main idéal de l'écrivaine?

Un sac assez résistant pour contenir mon matériel à graver la pierre, évidemment. Je suis trop vieille pour comprendre les technologies modernes. Bon, écoutez, je dois vous quitter, j'ai rendez-vous chez mon gérontologue.

À la bonne heure! Je ne savais pas comment vous dire que c'était tout le temps qu'on avait. C'était merveilleux de vous rencontrer, Mina.

INDIA!

Bon régime!

Et vous, bonne chance avec vos terribles problèmes de cheveux!

American Sexxuel ^{MD}

NUNUCHE

DÉSHABILLE

ALIOCHA
SCHNEIDER

EST-CE QUE L'ENTREVUE EST BIENTÔT TERMINÉE ?

Tu le trouves mignon à croquer ? Nous aussi ! Nous avons bien tenté de le déshabiller pour toi, mais comme il court vite et qu'il est mineur, nous nous sommes contentées de lui poser des questions *full* intimes et top profondes pour que tu connaisses tous les détails de la vie privée de ton idole. Attention, contenu top secret !

A Quelle couleur de Smarties préfères-tu ?

Les bleus.

B Si tu étais une soupe, quelle sorte serais-tu ?

Je serais Souperbon... La pognes-tu ? Sou-per-bon ?... Bon.

C Est-ce qu'on te demande parfois si tu es une saucisse Schneider ?

Non, et toi ?

D Quelle est ton opinion sur les verres fumés ?

Euh... Ben, dans un contexte de marchandisation de la sphère sociale où l'humain est décalé par rapport à son moi animal, c'est-à-dire comme partie non prenante de son origine biologique pure, et en prenant en considération les perturbations cognitives que cet état risque d'entraîner, je suis fondamentalement contre.

E À Noël, prévois-tu choisir des couleurs festives ou opteras-tu pour la sobriété pour tes vêtements ?

Je suis content que tu en parles ! J'y pense tous les jours, et ça m'empêche même de dormir.

F Connais-tu Sylvain Schneider de Chicoutimi ? C'est le coloc de ma cousine.
Non, désolé.

G OK. Est-ce que Mathieu Schneider est ton père ?

Non.

H Et l'acteur Rob Schneider, est-ce que c'est ton oncle ?

Nonnnn.

I Est-ce que ça te dérange de te faire poser des questions sur ton nom de famille ?

Non, non ! pas du tout ! Est-ce que l'entrevue est bientôt terminée ?

J Quand prévois-tu être riche ?

Hummm. Le 8 août 2028, à 8 h 88 ?

K Quel petit nom doux donnes-tu à ta brosse à dents ?

Coquine.

L Quelle crème utilises-tu pour adoucir tes genoux ?

De la souuuuperbonne crème.

M Es-tu pour ou contre l'environnement ?

Tout à fait. Bye.

dossier
chasse AUX
mecs

le
guide
...

De Buffalo Belle

de la CHASSEUSE de mecs

TU AURAS BESOIN :

De ficelle transparente en nylon

De cartes de hockey, des clés d'une Porsche ou d'un hamburger

D'un pot de confitures

D'une étiquette à bagage

D'un costume de sac de hockey

D'une chaîne résistante et d'un cadenas à combinaison

D'un bikini de chasse à motif camouflage

D'un éléphant

D'une pelle

Dans le monde d'aujourd'hui, chasser le mec peut être un sport extrême. Ces créatures ont des habitudes étranges et imprévisibles. Ils sont généralement plus forts que nous et se tiennent souvent en bande, ce qui rend la capture d'un spécimen compliquée, et même parfois dangereuse. Buffalo Belle, chasseuse de mecs professionnelle, partage avec nous ses trucs et astuces pour dénicher l'homme dans son habitat naturel.

Dans un parc

Ce truc classique fonctionne à tout coup : attache le paquet de cartes de hockey, les clés de la Porsche ou le hamburger au bout de la ficelle transparente, puis place l'appât au milieu d'un sentier. Cache-toi derrière un arbre en gardant à la main l'autre extrémité de la ficelle. Dès qu'un mec sautera sur l'appât, tire rapidement sur la ficelle et utilise le reste pour ligoter solidement ta proie.

Dans une fête

Trouve un pot de confitures dans la cuisine, puis dirige-toi vers la salle de bain. Commence à pleurnicher et à gémir bruyamment. Quand un mec s'approchera pour voir ce qui se passe, explique-lui que tu n'arrives pas à ouvrir le pot. Adopte ton air le plus démuni jusqu'à ce que le mec entre dans la salle de bain, puis ferme rapidement la porte et enferme-le !

Dans un avion

L'avion est un très bon endroit où capturer un mec, parce qu'il n'a aucune possibilité de s'enfuir. En plus, les mecs qui voyagent sont souvent riches. Pour attraper un mec dans un avion, assieds-toi près de lui. Pendant qu'il fera la sieste, noue ses lacets de chaussures ensemble, puis attache discrètement ton étiquette à bagage à son épaule. Quand l'avion atterrira, le mec tombera. Bascule-le sur un chariot à bagages, pousse-le jusqu'à un taxi et enferme-le dans le coffre.

À l'école

Déguise-toi en sac de hockey, puis enferme-toi dans la case du mec que tu convoites. Restes-y toute la journée. Quand il viendra chercher ses trucs à la fin des classes, il te prendra pour son équipement et il t'emportera avec lui. Une fois que vous serez chez lui, enchaîne-toi au frigo et verrouille le cadenas pour qu'il ne puisse plus se débarrasser de toi.

Dans la jungle

Revêts ton plus beau bikini de chasse, puis trouve un éléphant quelque part. Creuse un énorme trou devant l'éléphant, puis recouvre le trou à l'aide de feuilles de palmier, genre. Ensuite, coince une de tes jambes sous une patte de l'éléphant et crie à l'aide. Quand le mec approchera pour te secourir, il tombera dans le trou !

1

Tu sais qu'un mec te trouve attirante quand :
a) il rote ;
b) il fait des bulles avec son nez ;
c) il bave tellement que tu dois lui lancer une bouée.

2

Les mecs aiment quand on leur offre :
a) de vieilles chaussettes trouées ;
b) des biscuits pour chien ;
c) des objets qui font vroum vroum.

3

On attrape facilement un mec avec :
a) un attrape-mouches ;
b) un piège à ours ;
c) un lasso.

4

Tu captures enfin un mec. Que fais-tu ?
a) Tu t'évanouis.
b) Tu lui prépares un gâteau.
c) Tu l'empailles et tu l'exposes dans ta collection.

5

Il dit qu'il n'aime pas tes pieds.
a) Tu pleures pendant huit ans.
b) Tu les caches derrière tes oreilles.
c) Tu te les fais couper par un chirurgien plastique.

6

Il préfère ta copine Caroline.
a) Tu pleures pendant huit ans.
b) Tu te déguises en Caroline.
c) Tu enfermes Caroline dans les toilettes pour l'éternité.

7 Il n'aime pas ton chien.
a) Tu pleures pendant huit ans.
b) Tu déguises ton chien en console de jeux vidéo.
c) Tu donnes ton chien à ta copine Caroline.

8 Il aime mieux passer du temps avec sa moto qu'avec les filles.
a) Tu te déguises en moto.
b) Quand il te parle, tu réponds en faisant vroum vroum.
c) Tu enfermes sa moto dans les toilettes pour l'éternité.

9 Il te dit : « Je t'aime. » Tu réponds :
a) Ça pue ici.
b) Moi aussi je t'aime, mon grand doudou d'amour.
c) Au suivant !

10 Tu découvres que ton amoureux du moment est en réalité un singe échappé du zoo. Que fais-tu ?
a) Tu le reconduis chez son gardien après t'être confondue en excuses.
b) Tu lui prépares un souper aux chandelles. Au menu : ragoût de bananes aux arachides.
c) Tu lui organises une soirée romantique avec Caroline.

résultats

MAJORITÉ DE A

Cesse de pleurer deux minutes et ôte donc ce ridicule déguisement de moto. Tu aurais intérêt à demander à Caroline de te donner des cours de séduction.

MAJORITÉ DE B

Avec un peu de chance, tu réussis à attraper un garçon, mais il risque d'être légèrement abîmé par ton piège à ours. Prends vite des cours de premiers soins !

MAJORITÉ DE C

Tu es une excellente chasseuse de mecs, mais ceux que tu attrapes sont un peu bizarres. Ta collection de gars aurait sa place dans un musée. N'oublie pas de nourrir cette pauvre Caroline de temps à autre !

COMMENT *prendre soin* DE TON MEC

1 Cuisine-lui un gâteau en forme de Ferrari, grandeur nature, avec des phares qui s'allument et un Klaxon qui fonctionne.

2 Déguise-toi en cheerleader et fais une chorégraphie avec tes pompons chaque fois qu'il rote.

3 Sculpte une statue géante de lui dans de la chair à saucisse et offre-la-lui comme petit-déjeuner.

4 Quand il est triste, déguise-toi en grosse rondelle de hockey pour le faire sourire.

5 Lorsque tu t'épiles, conserve tes poils et tricote-lui un joli foulard avec, pour les jours frais.

TRANSFORME TON MEC EN ESCLAVE DE RÊVE

De Bijou Pink

Tu as réussi à attraper un mec dans tes filets, mais il refuse de t'acheter la brosse à dents en or sertie de saphirs dont tu rêves depuis si longtemps. Est-ce le temps de le quitter ? Pas encore ! « Un homme, c'est comme une plante d'intérieur », dit la docteure Yesmaam, psychologue et auteure du livre à succès _Modeler le cerveau mâle_. « Tu dois entraîner ton mec à te donner ce que tu désires. » La docteure Yesmaam partage avec toi trois méthodes faciles pour obtenir n'importe quoi de ton mec.

dossier chasse AUX mecs

C'EST SCIENTIFIQUE !

Après avoir mené de nombreuses études sérieuses, la docteure Yesmaam en est arrivée à des conclusions époustouflantes sur le développement du cerveau masculin. Une de ces études a révélé que certaines des techniques que nous avons l'habitude d'utiliser ne fonctionnent pas. Par exemple, lancer des cornichons à ton mec ne donne rien, pas plus que de porter une chaussure sur la tête ou de lui servir des pneus usagés pour dîner. Ça te surprend ? Cesse de perdre ton temps et utilise de la vraie psychologie scientifique !

LA VOIX DE SON MAÎTRE !

Tu veux vraiment cette brosse à dents ? Communique ton souhait subtilement mais efficacement. Commence par crier le plus fort possible dès qu'il te dit « non ». Une voix vraiment stridente et désagréable fonctionne particulièrement bien. Tu peux aussi te jeter sur le sol en agitant les bras et les jambes comme une électrocutée. Plus il y aura de gens autour, plus ton mec réagira rapidement. Cette technique est simple, mais il faut de la persévérance. Ne cesse ta petite crise que quand ton mec aura cédé et qu'il sortira son portefeuille de sa poche. Si ta crise devait durer plus de 20 minutes, tu pourrais même perdre du poids en prime !

Pour obtenir ce que tu veux, tu auras besoin :

* des larmes artificielles de la docteure Yesmaam
* de la sciure de bois
* d'un demi-kilo de sable
* d'une boule de poils de chat
* de fard à paupières vert
* de fard à paupières mauve
* d'un mouchoir
* d'un mec

DIS-LE AVEC LES YEUX

« Les yeux sont une arme puissante », nous rappelle la docteure Yesmaam. Pleurer est une façon efficace de faire fondre le cœur des mecs. Tu es mauvaise actrice ? La docteure Yesmaam a développé une formule de fausses larmes réalistes offertes dans un petit flacon que tu peux dissimuler dans ton mouchoir et faire gicler sur ton visage au besoin. Renifler, t'évanouir dans les bras de ton mec et essuyer ton nez morveux sur sa chemise ajoutera du drame à ton petit spectacle.

EN DERNIER RECOURS

Les méthodes précédentes n'ont rien donné ? Pas de panique ! C'est le temps de sortir ton arme de destruction massive ! Cours à la salle de bain la plus proche et avale une cuillerée de sable, une boule de poils de chat ou de la sciure de bois. Puis, peins ton visage en vert avec du fard à paupières et trace des cercles mauves sous tes yeux. Sors de la salle de bain en te traînant comme un zombie et en bavant. En t'approchant de lui, tousse bruyamment (grâce à la sciure ou au sable avalé). Dis-lui que tu as une maladie grave et que ton médecin t'a dit que le seul remède à ton mal est une brosse à dents en or sertie de saphirs.

Si aucune de ces méthodes ne fonctionne, ta relation de couple est vouée à l'échec. Ton mec est soit trop pauvre, soit trop radin, soit trop intelligent pour toi. Lis l'article « Comment le quitter sans soucis », à la page 44, pour savoir quoi faire de lui.

Il est temps de le quitter

MOI ⬇ TOI ➘

TU ES MALHEUREUSE AVEC TON MEC DEPUIS QUELQUE TEMPS, MAIS TU NE SAIS PAS TROP POURQUOI ? TES COPINES TE DISENT QU'IL NE SE COMPORTE PAS CORRECTEMENT AVEC TOI, MAIS TU L'AIMES TOUJOURS ? VOICI DES SIGNES QUI MONTRENT AVEC CERTITUDE QU'IL EST TEMPS DE LE QUITTER :

IL MARCHE À QUATRE PATTES.

QUAND TU LUI DIS « JE T'AIME », IL RÉPOND « MEUH ».

À TON ANNIVERSAIRE, IL T'A OFFERT UN CADEAU QUI VAUT MOINS DE 500 $.

IL PORTE DES VESTONS EN PEAU DE POULET FRIT.

IL T'APPELLE CAROLINE ALORS QUE TU T'APPELLES PAULA.

IL A MANGÉ TON SAC À MAIN.

IL DANSE COMME UN PIGEON QUI A BU TROP DE CAFÉ.

IL T'OFFRE DES BOUQUETS D'HERBE À PUCE.

IL COLLECTIONNE LES ROGNURES D'ONGLES D'UNE AUTRE FILLE.

TU LE RECONNAIS DANS CES LIGNES ? TU N'AS PAS LE COURAGE DE LE LAISSER ? LIS L'ARTICLE « COMMENT LE QUITTER SANS SOUCIS », À LA PAGE SUIVANTE.

COMMENT LE QUITTER SANS SOUCIS

Une entrevue avec l'actrice Bella Ciao

OUTRE SES RÔLES DANS LES FILMS À SUCCÈS MANGE PAS TES BAS, AVEC BRUTE WALLAS, ET L'ODEUR DE TA VESSIE, AVEC SMELL GIBSON, BELLA NOUS RÉGALE DE SES ÉCRITS PROFONDS ET INSPIRANTS. QUI N'A PAS SON EXEMPLAIRE DE LES RICHES ONT PLUS D'ARGENT ET DE LA CHIRURGIE PLASTIQUE POUR LES NULLES? MÊME SI ELLE EST VIEILLE ET RIDÉE, NOUS L'ADMIRONS BEAUCOUP, ET C'EST UN PLAISIR POUR NOUS DE TE PRÉSENTER SON DERNIER LIVRE, COMMENT LE QUITTER SANS SOUCIS.

NUNUCHE

Bella

NUNUCHE.

C'EST UN HONNEUR DE VOUS RECEVOIR AUJOURD'HUI. DÉSOLÉE
POUR VOTRE DIVORCE AVEC BRAD SPLIT.

Bella. OH! BEAUCOUP D'EAU A COULÉ SOUS LES PONTS DEPUIS
LA SEMAINE DERNIÈRE! JE SUIS EN PLEINE PLANIFICATION DE MARIAGE
AVEC JUSTIN BIEBERON. C'EST LE GRAND AMOUR!

N. CE SERA VOTRE SOIXANTE-CINQUIÈME MARIAGE. VOUS AVEZ
DÉCIDÉMENT BEAUCOUP D'EXPÉRIENCE AVEC LES HOMMES!

B.C. ... ET J'AI SEULEMENT 38 ANS! SE TROUVER UN MARI, C'EST
FACILE. CE QUI EST PLUS COMPLEXE, C'EST DE TROUVER UN MARI RICHE
ET D'ARRIVER À CONSERVER TOUT SON ARGENT QUAND ON LE QUITTE
POUR UN AUTRE MEC.

N. VOUS ÊTES UNE EXPERTE EN CE DOMAINE. POUVEZ-VOUS PARTAGER AVEC
NOUS QUELQUES TRUCS POUR AIDER NOS LECTRICES À QUITTER LEUR MEC?

B.C. LE MOT-CLÉ, DANS LA RUPTURE COMME DANS LE RESTE, EST
«STYLE». UN EXEMPLE: EN LAISSANT UN HOMME, IL EST DE MAUVAIS GOÛT
DE PLEURER, PUISQUE LES LARMES GASPILLENT DU MAQUILLAGE COÛTEUX.

N. COMMENT DEVRAIT-ON S'HABILLER QUAND ON ROMPT?

B.C. IL EST DE BON TON DE PORTER DES VÊTEMENTS AMPLES
ET SOYEUX QU'ON PEUT DRAPER GRACIEUSEMENT AUTOUR DE SES ÉPAULES
D'UN GESTE DÉDAIGNEUX EN PARTANT. LES CHAUSSURES BRUYANTES
SONT PRATIQUES PARCE QUE VOTRE MEC POURRA ENTENDRE LE BRUIT
DE VOS PAS QUI S'ÉLOIGNENT PENDANT UN BON MOMENT, CE QUI L'HUMILIERA
DÉLICIEUSEMENT. SI VOUS ÊTES MARIÉE, PORTEZ TOUJOURS VOTRE JONC
POUR POUVOIR LE JETER À SES PIEDS. IL EST IMPORTANT DE TOUJOURS
ÊTRE TRÈS THÉÂTRALE.

N. QUELLE RAISON DEVRIONS-NOUS LUI DONNER?

B.C. SOYEZ VRAIE. DITES-LUI, PAR EXEMPLE, QUE SES COMPLETS NE
VONT PAS DU TOUT AVEC VOTRE NOUVEAU SAC À MAIN, OU QU'IL MARCHE
COMME UN PIGEON. N'IMPORTE QUOI QUI VOUS DÉRANGE, EN FAIT.

N. EXISTE-T-IL DES FAÇONS SIMPLES DE ROMPRE?

B.C. IL EST PLUS SIMPLE D'EMBAUCHER DES PROFESSIONNELS POUR
LE FAIRE À VOTRE PLACE. PERSONNELLEMENT, J'UTILISE TOUJOURS
LES SERVICES DE L'AGENCE ADIEU MINABLE, QUI VOUS ENVOIE UNE ACTRICE
DÉGUISÉE EN VOUS POUR FAIRE LE SALE BOULOT À VOTRE PLACE. DE CETTE
FAÇON, VOUS AVEZ PLUS DE TEMPS LIBRE POUR VOUS REFAIRE LES ONGLES.

N. QUELLE EST LA FAÇON LA PLUS GLAMOUR DE METTRE FIN
À UNE RELATION DE COUPLE?

B.C. QUITTEZ-LE LE JOUR MÊME DE VOTRE MARIAGE! AINSI, VOUS
SEREZ RADIEUSE DANS VOTRE PLUS BELLE ROBE, ET TOUTES LES CAMÉRAS
SERONT PRÉSENTES POUR IMMORTALISER CE MÉMORABLE ÉVÉNEMENT. TOUT
LE MONDE PARLERA DE VOUS PENDANT DES SEMAINES APRÈS ÇA. C'EST
UN EXCELLENT MOYEN DE DÉMARRER UNE CARRIÈRE DE SUPERSTAR.

N. MERCI BELLA! VOS CONSEILS ÉPARGNERONT BIEN DES SOUCIS
À NOS JEUNES LECTRICES. ET BONNE CHANCE AVEC JUSTIN!

Te péter la gueule sans perdre la face?
Perruquette
protège ta petite tête
Le casque, c'est moche
mais la PERRUQUE DE PROTECTION
PERRUQUETTE MC
ÇA C'EST TOP

PERDRE DU POIDS EN flirtant? OUI, C'EST POSSIBLE!

« Ah ! Si seulement on pouvait combiner les deux activités les plus importantes de notre vie, le flirt et la perte de poids ! » penses-tu le soir en t'épilant l'estomac. Console-toi, petite truite, c'est possible, et c'est même facile ! En fait, selon le docteur Flabberg, chercheur en flirto-ergonomie, ces deux activités combinées peuvent mener à une silhouette de rêve, pour peu qu'on y mette plus d'énergie que d'habitude. Voici comment transformer le flirt en dépense calorique intense.

1. Déhanchement = fesses de fer.

« La femme qui marche en se sachant observée ondule des hanches avec une amplitude plus grande que la normale », explique le docteur Flabberg. Il s'agirait d'augmenter ce mouvement naturel au maximum trois heures par jour pour en arriver à dépenser jusqu'à 1 000 calories ! L'exercice est tout simple : en te rendant à l'école, balance tes hanches de droite à gauche le plus fort possible, comme si tu tentais d'écarter un troupeau d'éléphants sur ton passage. Efficace pour les muscles des fesses, des cuisses et des abdominaux obliques.

2. Yeux de biche + paupières de mammouth.

Le mascara HeavyLash, de Flonflon, ne sert pas uniquement à rendre les cils plus longs et plus fournis : il les alourdit. Trois bonnes couches de HeavyLash, et il te sera pratique-ment impossible d'ouvrir les yeux. Imagine alors les trésors d'énergie nécessaires pour battre des cils devant le beau stagiaire en géographie ! Dépense potentielle de 250 calories par heure, et musculation des paupières en prime.

3. Glousse et fonds !

Tu glousses comme une dinde à chacune des blagues de ton bien-aimé ? Mets l'exercice à profit. C'est maintenant prouvé : le gloussement pratiqué de façon constante aide à maintenir un poids santé, en plus de flatter l'ego de monsieur. N'attends plus ses blagues : ris avant même qu'il n'ouvre la bouche ! Les rires stridents et rapides sont généralement plus efficaces, mais il est important d'attendre d'avoir fini de manger avant de se lancer dans l'action, comme le recommande le docteur Flabberg.

47

DISGUSTOL mc
Perte de poids garantie!
Rends tes aliments favoris dégoûtants avec UNE SEULE GOUTTE de Disgustol et perds du poids à une vitesse vertigineuse!
DISGUSTOL.
C'est si simple.
DISGUSTOL
SANS DISGUSTOL
AVEC DISGUSTOL

TON PROFIL EN FACE

DÉCOUVRE LE MÉTIER DE TES RÊVES

De Sophie Massé

Un métier, est-ce bien nécessaire?
Allons-y sans détour : si tu veux te payer le luxe de ne rien faire, oui. Entre nous, il n'y a aucune autre raison valable de travailler. Certaines affirment — sans fournir aucune preuve, soulignons-le — trouver beaucoup de joie dans leur carrière. Pfffff! et repfffffff! En effet, pour la plupart d'entre nous, travailler est une activité accablante qui demande de régler son réveille-matin. Sans compter que plusieurs témoignages rapportent que, dans la majorité des métiers, il y a des échelles à monter — l'échelle salariale étant la plus souvent citée. (Qu'est-ce que c'est un *salarial*? Est-ce que c'est très haut?) Mais qui, à part les pompières qui portent de vulgaires salopettes, a envie de passer ses journées à monter dans des échelles?

DRRiiiING

LE TRAVAIL :
NI POUR NI CONTRE,
BIEN AU CONTRAIRE

Avant de décider si tu travailleras ou pas dans la vie, assure-toi de bien connaître les avantages et les inconvénients du monde du travail.

LES AVANTAGES DU TRAVAIL

1.
Porter quelque chose de différent tous les jours et recevoir plein de compliments.
2.
Rencontrer beaucoup de nouveaux garçons qui pourraient représenter des maris potentiels*.
3.
On ne voit aucun autre avantage, en fait.

SES DÉSAVANTAGES

Le travail pourrait :
1.
Te donner mauvaise haleine l'après-midi.
2.
Aggraver ta phobie des pousse-mines.
3.
Te faire pleurer en cachette dans les toilettes parce que quelqu'un a volé ta gomme à effacer qui sent la fraise.
4.
Froisser tes vêtements.
5.
Te forcer à séduire ton patron, car c'est le seul moyen que tu as trouvé d'éviter qu'il te mette à la porte parce que tu as suspendu la réceptionniste par les pieds dans la cage d'ascenseur quand elle t'a demandé si tu avais pris du poids.

*Un mari, c'est quelqu'un qui travaille à ta place pour que tu puisses t'acheter tout ce que tu veux, sans travailler.

RATER SA VIE, ÉTAPE PAR ÉTAPE

Au moment de choisir ton métier, ne te mets pas trop de pression. Rappelle-toi seulement qu'un mauvais choix peut faire de toi une pustule sociale. C'est pour cette raison que plusieurs décident de rester à la maison à regarder les téléromans l'après-midi et à plier des pyjamas de bébé comme si la maternité les intéressait. À l'époque de nos grands-mères, le seul moyen d'avoir un métier était de devenir nonne. Une nonne pouvait devenir nonne institutrice ou bien nonne infirmière. Il y avait aussi les nonnes qui restaient des nonnes : c'étaient les nonnes nonnes. *Nonnes*. Quel drôle de mot ! Si répéter nonne, nonne, nonne était un métier, ce serait le plus formidable métier du monde !

la loi du moindre effort

Si tu décides de te lancer quand même sur le marché du travail, méfie-toi d'un des principaux pièges, qui consiste à trouver un travail pour te faire des amis : il y a de grands risques que tu tombes sur une entreprise où les gens travaillent pour vrai, ce qui serait d'un ennui mortel. Il y a de nos jours suffisamment de métiers où les gens sont payés à ne rien faire pour que tu puisses joindre l'utile à l'agréable, et ce, sans te soucier d'avoir des choses à dire ou des compétences à faire valoir. Pour t'aider à faire un choix, consulte notre palmarès des top métiers nunuches.

LE TOP DU TOP

DES MÉTIERS TOP NUNUCHES

1. Passagère de décapotable professionnelle

Pour : Celles qui aiment se faire sécher les dents et parler avec la lèvre du haut coincée sur la gencive.

Pas pour : Celles qui pensent qu'avaler des mouches fait grossir.

2. Centre de table pour congrès et réceptions

Pour : Celles qui ont raté une première carrière de bouquet de mariée.

Pas pour : Celles qui n'arrivent pas à s'asseoir en indien.

3. Fossile

Pour : Celles qui ont la peau sèche.

Pas pour : Celles qui ne peuvent pas retenir leur souffle plus d'une centaine d'années à la fois.

4. Testeuse de clôtures électriques

Pour : Celles qui aiment le look ébouriffé.

Pas pour : Celles qui détestent les méchouis.

5. Coiffeuse de chenilles savantes

Pour : Celles qui cherchent un métier extrêmement original et prestigieux.

Pas pour : Celles qui ont des allergies à la teinture capillaire pour chenilles.

6. Répéteuse de secrets

Pour : Toutes celles qui veulent se rendre intéressantes sur le dos des autres.

Pas pour : Les muettes.

7. Remplisseuse de cartes de crédit

Pour : Toutes celles qui aiment remplir une carte de crédit à pleine capacité, puis une autre, puis encore une autre.

Pas pour : Personne.

8. Pilote de pilote automatique

Pour : Toutes les accros au danger, en toute sécurité.
Pas pour : Les pissouses.

Tendances

LE PIERCING SIAMOIS

Tu ne sais plus où te faire percer ? Perce ton mec ! Le piercing siamois est la tendance de l'heure pour garder ton mec près de toi... en tout temps !

Wow! Du JUS pour ton

Le petit Dico nunuche

Tu connais le *wordbuzzing*[MC] ? Tendance de l'heure après le *scrapbooking*, le *wordbuzzing*[MC] (prononcer *weurdbeuzigne*) est un art qui consiste à lancer des modes de vocabulaire. Le *trend*, créé en France par Camille de Bouchetruite, consiste à remplacer un mot existant par un mot de notre invention. C'est tout simple! La seule règle à suivre: adopter une sonorité anglophone dans tous les cas, que votre mot existe ou pas.

Voici donc le tout nouveau Nunuche's Wordbuzzing Dictionary, à utiliser sans modération dans les garden-parties!

Chewfizz (n. m. ou adj.) N'importe quoi de positif. Il est trop méga top chewfizz, Bryan, avec son pantalon en Saran Wrap!

Djamm (adj.) Compliqué. Oh là là! cet exam est vraiment trop djamm! J'abandonne. Tu viens chez Dairy Queen?

Durp (n. m.) Mec peu intéressant. Cesse de pleurer à cause de lui, c'est un durp.

Fizz (adj.) Joli. Ta robe est trop vachement fizz!

Nun's (adj.) Tendance. Si je lis bien mon magazine Nunuche, je serai peut-être la plus nun's du bureau.

Truitz (n. f.) Belle fille. Barbra a été élue Miss Truitz de son école l'an dernier.

Wazz (n. f. ou adj.) Démodée. Quelle wazz, celle-là, avec ses oreilles!

100 façons originales de
BOUGER LES HANCHES
Gondolina Hoop

Nunuche a lu !

Bougez-moi ça !

C'est aujourd'hui, groupies chéries, que je partage avec vous un outil extraordinaire pour capturer le mec de vos rêves : le livre 100 façons originales de bouger les hanches, de Gondolina Hoop, artiste bien connue du déhanchement.

Dans cet ouvrage, Gondolina explique de façon simple et colorée comment maîtriser la technique du Cobra à Jupette, celle du Chameau Outré et celle du Métronome Déchaîné, entre autres. Vous y apprendrez comment utiliser ces techniques de déhanchement en talons aiguilles, en flip-flops, sur trottoir glissant et même dans la jungle (on ne sait jamais où se cache l'homme qui nous regarde).

Pour celles qui, comme moi, détestent lire, un DVD accompagnant le bouquin vous enseignera les mouvements à l'aide de capsules vidéo toutes simples. En pratiquant toute la nuit, peut-être arriverez-vous à séduire votre homme avant demain soir.

Bonne gymnastique !

57

TA BÉBELLE nunuche gurlz

à découper

Aujourd'hui, Nunuche t'offre GRATUITE-MENT une nouvelle gueule avec ces jolies MOUES DE TRUITE à découper et à coller sur ton visage pour cacher ta vraie bouche insignifiante. GO LES TRUITES !

bla bla bla bla bla bla bla bla bla bla bla bla bla bla bla bla bla bla bla bla bla bla bla bla bla bla bla bla bla bla bla

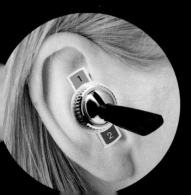

Avec le
TRADUCTEUR D'AUTORITÉ,
faire la sourde oreille est un jeu
d'enfant !

**Deux positions : « Je suis sourde »
et « J'entends bien ce que je veux »**

COURRIER DU COEUR

De
Caroline Allard

Chère Nunuche,
Je suis une fille qui aime un gars qui sort avec une autre fille. Que faire ?
Troisième roue

Chère Troisième roue,
Est-ce une blague ? Absolument toutes les filles aiment un gars qui sort avec une autre fille ! Si tu veux des conseils vraiment utiles, il faudra me donner les détails importants, comme : quel est ton signe astrologique, la longueur de tes cheveux, l'année où tu es devenue anorexique et la couleur de la voiture dans laquelle tu te vois avec lui. Quand je saurai tout ça, on pourra se parler cœur à cœur.

Chère Nunuche,
Lorsque nous avons commencé à sortir ensemble il y a trois jours, Jean-Simon était le gars le plus merveilleux de l'Univers (oui, oui, de l'Univers – j'ai vu des photos d'extraterrestres, et Jean-Simon est vraiment plus beau qu'eux). Mardi encore, il me gardait une place dans la file à la cafétéria, il me permettait d'aller le voir monter dans son bus et il m'avait même prêté le chandail de son équipe sportive (je ne me souviens plus du sport ni de l'équipe, mais le chandail est bleu et vraiment beau). Mais depuis jeudi, il m'ignore, sauf pour copier sur moi en géo. Comment rendre mon Jean-Simon merveilleux à nouveau ?
Blonde reniée

Chère Nunuche,
Ça ne va pas très bien dans ma vie présentement. Mes notes à l'école ont beaucoup baissé, je perds du poids et je pleure souvent pour rien. Je n'ose pas me confier à mes amis, car j'ai peur d'avoir l'air stupide. À l'aide !
Perdue

Chère Perdue,
Les gars sont LA cause numéro UN des problèmes les plus importants pour les filles. Dans ta lettre, tu ne mentionnes aucun garçon qui te causerait du souci, et en plus, tu dis que tu perds du poids. Cesse de te plaindre, chanceuse ! Pense aux pauvres filles qui se morfondent en attendant d'attirer l'attention d'un mec, et souviens-toi que l'achat d'un nouveau rouge à lèvres est souvent le meilleur remède pour les petits tracas.

Chère Nunuche,
Un gars de ma classe m'a dit qu'il m'aimait, mais je n'ai rien répondu parce que je ne l'aimais pas. Mais depuis qu'il m'a dit qu'il m'aimait, je l'aime ! Je veux le lui annoncer, mais puisque je l'ai ignoré au début, il ne veut plus me parler et il dit à tout le monde que je pue. En plus, je crois qu'il s'intéresse maintenant à ma meilleure amie. Que faire ?
En amour

Chère En amour,
S'il parle de toi de cette façon, c'est sûrement parce qu'il pense encore à toi. C'est un très bon départ ! Jette-toi à ses pieds et n'aie pas peur de t'humilier publiquement : votre amour en vaut la peine. Quant à ta « meilleure amie », je dois t'avoir mal comprise : l'amitié, en amour, ça n'existe pas. Largue-moi cette insignifiante (après avoir retranscrit ses trucs beauté).

Chère Reniée,
« Jean-Simon » est un nom horriblement laid et démodé. Laisse-le tomber comme une vieille paire de chaussures d'il y a deux semaines. LE gars à avoir présentement s'appelle plutôt Loïk, Jonas, Michaël ou Robert Pattinson.
(NDLR : Ce conseil s'applique aussi à toutes les filles qui sortent avec un Francis, un Jean-Nicolas ou un Alexandre.)

Chère Nunuche,
J'ai deux petits copains qui ne savent pas que j'ai deux petits copains. J'aime bien faire partie d'un triangle amoureux, ça m'aide à rendre mes problèmes de géométrie moins ennuyants dans les cours de maths. Le problème, c'est que je me suis fait un troisième petit copain, et ça commence à être difficile de parler au téléphone sur trois lignes à la fois sans me mélanger dans les noms. Que faire ?
Le trois fait le moi

Chère Trois,
Je connais bien ce genre de problème, puisque tous les hommes sont fous de Nunuche. La solution est très simple : il suffit de les appeler tous « chéri », et le tour est joué ! Lors des soirées en amoureux, privilégie les sorties au cinéma. Tu pourras passer d'une salle (et d'un chéri) à l'autre sans problème : tous les gars savent très bien que les filles aiment aller rafraîchir leur maquillage aux toilettes toutes les 10 minutes.

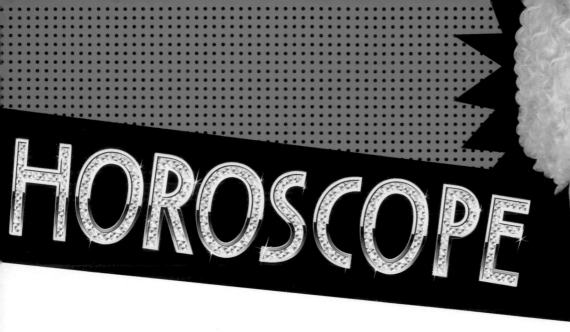

HOROSCOPE

Bélier

Inspire-toi du caniche pour ta coiffure de ce matin. N'ouvre pas trop la bouche si tu as les dents imparfaites. Tu seras plus populaire si tu enlèves ton chapeau en forme de pomme de terre.

Taureau

Lorsque tu réfléchis, tes yeux se plissent d'une façon horrible : ne le fais pas trop souvent. Tu peux ronger tes ongles, mais pas ceux de tes copines. Ton sac d'école sent le bac à compost.

Gémeaux

Ton style Télétubbies est la risée de l'école. Tu devrais te faire des masques de moutarde tous les soirs pour attirer les garçons amateurs de hot dogs. Une dent en or t'irait à merveille.

Cancer

Tu serais plus populaire si t'appelais Shoundialya. cherches l'amour dans u boîte de pois chiches, mais ne s'y trouve pas. Les astres suggèrent de respirer au moi une fois par minute.

Lion

Si tu t'inscris à des cours de baladi sous-marin, ta cote de popularité auprès des mecs augmentera de 1 %. Tu lanceras une mode de stylo-bille dans l'oreille, et toute l'école t'imitera. En te maquillant le matin, ne néglige pas l'intérieur de tes narines.

Vierge

L'habitude que tu as de te mettre des patates dans les oreilles le midi éloigne les garçons. Tu as un faible pour les mecs du type « lutin de Noël ». Manger des ampoules électriques n'aide pas à avoir un teint plus lumineux.

Balance

Tu aimes bien collectionner les crevettes, mais personne ne veut te visiter à cause de l'odeur. Cesse de t'intéresser à la science : les mecs préfèrent les filles un peu nouilles. La danse qui te va le mieux est le mambo la tête en bas.

Scorpion

Ta robe en verre est peut-êt jolie, mais tu auras l'air fo si elle se casse pendant le cou de gym. Les garçons t'aime bien, mais ils te préfèrent sa ton lance-flammes. Ne fa pas confiance aux meurtrier

Sagittaire

Il se pourrait que tu ressentes le besoin de manger à quelques reprises ce mois-ci. Résiste de toutes tes forces ! Les aventures de magasinage te souriront si tu te brosses les dents avec Diamantine. Oublie les mecs au cou de plus de 40 cm.

Capricorne

Tu sens le brocoli. Tout le monde rit de tes coudes en cachette : utilise Coudes de soie, de Gollina. Ta meilleure amie veut te voler tes faux cils. Tu seras attirée par Luciano Pavarotti.

Verseau

Tu perdras du poids si tu pratiques 15 heures de clins d'œil par jour. Les autres filles sont toutes jalouses de toi parce que tu as 11 orteils au lieu de 10. Ne porte que du vert avocat les jours pairs.

Poissons

Tu attires beaucoup de ga çons, mais ils sont souve très poilus et ils marchent quatre pattes. Ta meilleu amie te déteste en secr parce que vous avez les mêm chaussettes. Jette tes lunette être myope est moins gra que d'être démodée.

Stenc·elle

Le maquillage à numéros, c'est bébé-fafa!

Applique le modèle sur
ta peau, chauffe au fer
à repasser quelques minutes,
et suis les instructions simples
pour un maquillage parfait
en toute occasion!

Stenc-elle

Un maquillage parfait
pour toutes les occasions.

Essaie nos 138 modèles à la mode !

RÉDACTION

Rédactrice en chef	Élise Gravel

Collaboration aux textes:

p. 16 à 18 et p. 60 à 61	Caroline Allard
p. 22 à 27	India Desjardins, Catherine Genest
p. 30 à 31	Aliocha Schneider, India Desjardins, Catherine Genest
p. 49 à 51	Sophie Massé

CRÉATION

Conception graphique	Sara Bourgoin
Collaboratrice au graphisme et illustratrice	Élise Gravel
Collaboratrice au graphisme	Catherine Genest
Collaboratrice aux concepts publicitaires	Sophie Massé

PRODUCTION

Révision	Hélène Ricard

PAGE COUVERTURE, ENTREVUE ALIOCHA SCHNEIDER et DOSSIER MECS

Photographe	John Londoño (rodeoproduction.com)
Productrice	Alexandra Saulnier (rodeoproduction.com)
Styliste	Jay Forest (www.jayforest.net)
Assistante styliste	Rosie Desjardins

Coiffeuse/maquilleuse :

Couverture	Martine L'Heureux (glossartistes.com)
Pages intérieures	Maïna Militza (agencesatellite.com)
Assistants photo	Mike Chui, Diana Le Nézet
Assistante stagiaire	Aurélie Jouan
Retouche	Visual Box (levisualbox.com)

Mannequins	COUVERTURE et ENTREVUE
	Aliocha Schneider
	(agenceartistiquehelena.com)
	DOSSIER MECS
	Alexandre Ouimet Rouillé
	Dominic Bolduc
	Héloïse (montagemodels.com)
	Betta (montagemodels.com)
	Aliocha Schneider
	(agenceartistiquehelena.com)
	Dolce (chien)
	Merci à Leda et St-Jacques

VÊTEMENTS	REMERCIEMENTS À :
	La Maison Simons (simons.ca)
	La Baie (thebay.com)
	Aldo (aldoshoes.com)
	Winners (winners.ca)
	American Apparel (americanapparel.ca)

ENTREVUE INDIA DESJARDINS

Photographe	Caroline Maurion
Coiffeuse/maquilleuse	Maïna Militza (agencesatellite.com)

Remerciements à l'équipe KWAD9 (CATHÉ et l'incroyable JF) pour la participation à la publicité Lentilles d'amour.

Les éditions de la courte échelle inc.
160, rue Saint-Viateur Est, bureau 404
Montréal (Québec) H2T 1A8
www.courteechelle.com

Dépôt légal, 1er trimestre 2010
Bibliothèque nationale du Québec

La courte échelle reconnaît l'aide financière du gouvernement du Canada par l'entremise du Fonds du livre du Canada pour ses activités d'édition. La courte échelle est aussi inscrite au programme de subvention globale du Conseil des Arts du Canada et reçoit l'appui du gouvernement du Québec par l'intermédiaire de la SODEC.

La courte échelle bénéficie également du Programme de crédit d'impôt pour l'édition de livres — Gestion SODEC — du gouvernement du Québec.

Catalogage avant publication de Bibliothèque et Archives nationales du Québec et Bibliothèque et Archives Canada
Gravel, Élise
Nunuche Gurlz
Nunuche magazine
ISBN 978-2-89651-280-5 (v. 1)
1. Mode — Humour. 2. Beauté corporelle — Humour. 3. Publicité — Humour. 4. Presse féminine — Humour. I. Titre.
RA778.G722 2010 646.7'0420207
C2010-941895-6

Imprimé au Canada